OPINION

D'UN SÉNATEUR ROMAIN,

DE RETOUR DANS SA PATRIE

APRÈS LE RÉTABLISSEMENT DE L'ORDRE,

SUR LES BIENS

DES CONDAMNÉS ET DES PROSCRITS.

Se vend à Paris,

Chez tous les Marchands de Nouveautés.

L'honorable rapporteur de la Commission chargée par la Chambre des Députés de l'examen de la loi sur l'indemnité, a rappelé à la tribune quelques pensées de l'orateur des orateurs, concernant les biens des Émigrés et des Condamnés; son exemple était trop bon à suivre pour n'avoir pas d'imitateurs.

M. CHARPENTIER, qui, jeune encore, s'est assis aux premiers rangs du barreau, et qui déjà a si bien payé sa dette comme jurisconsulte et comme citoyen, en publiant une dissertation lumineuse sur la loi dont il s'agit, vient de faire paraître, à cette même occasion, un discours latin, qu'hormis un feuillet et demi employé aux transitions, il a tiré tout entier de Cicéron. Cet arrêt sur les confiscations est écrit depuis deux mille ans dans les offices et les oraisons du sauveur de Rome, et depuis deux mille ans, ce nom respecté, transmis d'âge en âge, est invoqué par la justice et par le malheur. Est-ce la page la plus sanglante de notre histoire qui serait tracée dans ces lignes, que j'ai essayé de traduire pour ceux qui ne voudraient pas les lire dans le latin Que de douloureux rapprochemens elles ont fait naître en moi? Quelques-uns sont indiqués dans la version par des mots en italique. La sagacité des lecteurs suppléera le reste.

Comme il a été impossible d'observer exactement la pagination qui a été suivie pour le texte, on a pris la précaution de rappeler en marge chaque page de ce texte par son chiffre correspondant, ainsi les personnes qui voudront comparer, le feront sans peine.

N. B. Pour éviter deux non-sens, il faut, dans l'original, page 9, ligne 21, au lieu de *Metimus* · lire METUIMUS, et page 15, ligne 16, au lieu de *Vitus* : VICIS Ce sont évidemment deux fautes échappées dans la rapidité de l'impression.

OPINION

D'UN SÉNATEUR ROMAIN,

DE RETOUR DANS SA PATRIE

APRÈS LE RÉTABLISSEMENT DE L'ORDRE,

SUR LES BIENS

DES CONDAMNÉS ET DES PROSCRITS,

TIRÉE DE CICÉRON,

PAR M. CHARPENTIER,

Avocat à la Cour Royale de Paris.

ET TRADUITE

PAR ARIS.... DELAU...., *Avocat.*

PARIS,

Imprimerie de J.-S. CORDIER Fils, rue Thévenot, n. 8.

Mars — Avril 1825.

OPINION

D'UN SÉNATEUR ROMAIN,

DE RETOUR DANS SA PATRIE
APRÈS LE RÉTABLISSEMENT DE L'ORDRE,

SUR LES BIENS

DES CONDAMNÉS ET DES PROSCRITS.

Pères conscrits,

Vous vous demandez sans doute, avec étonnement, comment il se fait qu'au milieu de tant d'habiles orateurs et de patriciens distingués, je prenne la parole, moi, surtout, qui pour l'âge, le talent et l'autorité, ne pourrais être comparé à aucun des membres de cette assemblée. Tous ceux que cette grande cause a réunis, sentent la nécessité de cicatriser enfin des plaies qui sont l'ouvrage d'un crime déjà ancien; mais ils n'osent, dans le malheur des temps, élever eux-mêmes la voix : le devoir les a tous appelés dans cette enceinte, et la crainte du danger leur ferme la bouche.

Quoi donc! ai-je plus de hardiesse qu'aucun d'eux? nullement. Ou bien, suis-je plus ami de la justice? Quelque jaloux que je sois de ce genre de mérite, je ne voudrais pas le ravir aux autres. Quel motif si puissant m'a donc seul engagé à me charger des intérêts des proscrits ? C'est que, parmi tant de hauts et graves personnages ici présens, si quelqu'un eût entrepris cette défense, et eût parlé des affaires publiques, ce qui arrivera nécessairement dans la cause, il aurait passé pour en avoir dit bien plus qu'il n'en eût dit en effet. Il n'en sera pas de même de moi ; je pourrai dire tout ce que j'ai à dire, et le dire librement, sans que mes paroles, répandues dans le public, produisent le même effet sur les esprits. D'ailleurs, ce que les autres diraient, ne saurait demeurer obscur, à cause de leur noblesse et de l'élévation de leur rang ; rien de hasardé ne serait passé ni à leur âge ni à leur expérience. Pour moi, si je m'exprime avec trop de liberté, ce que j'aurai proféré, pourra demeurer inconnu, parce que, jusqu'à ce moment, je n'ai exercé aucune fonction publique, ou peut-être en fera-t-on grace à ma jeunesse : si toutefois, dans Rome, on sait encore pardonner, si même l'on n'y a pas perdu l'habitude de juger.

Dans un sujet si grave, sur des atrocités aussi grandes, je sens que je ne saurais parler avec assez de convenance, me plaindre avec assez d'énergie, éclater avec assez de liberté : la faiblesse de mes talens, mon âge, les circonstances, ne me permettent ni cette convenance, ni cette énergie, ni cette liberté. A ces obstacles se joint la crainte extrême que m'inspirent ma timidité naturelle, votre aspect imposant, la puissance de mes adversaires, et les dangers nouveaux qui menacent les proscrits. Je vous supplie donc, Pères conscrits, de m'accorder votre attention et votre bienveillance.

Enfin notre patrie, malgré les machinations des méchans, est, heureusement, avec l'aide des dieux, rendue à la vie! Les tables de proscriptions ont été brisées et abolies, les citoyens sont en liberté, les lois en vigueur. Tournons maintenant nos regards sur cette noble portion de nos compatriotes, aujourd'hui si malheureux; vous avez vu leurs noms et leurs biens proscrits, leurs maisons, leurs bois, leurs champs, ô honte! vendus à l'encan; qu'ils soient aussi, non pas seulement en paroles, mais réellement et de fait, rétablis dans leurs droits.

Toute question de ce genre est dominée par deux considérations, auxquelles s'arrêtent ordinairement les hommes qui consultent et délibèrent sur le devoir. D'abord, ce qu'il s'agit de faire, est-il, ou n'est-il pas honnête? ensuite, est-il utile ou nuisible?

La cause qui nous occupe, Pères conscrits, est, je le prétends, la cause de l'honnêteté publique, c'est-à-dire qu'elle est celle de l'utilité générale; car il n'y a de vraiment utile que ce qui est honnête. L'honnête n'est point là, où n'est pas la justice, et le fondement de la justice est la bonne foi. Fort de ces principes, dût-on avoir quelque peine à les admettre, j'ose me charger de la tâche.

Pour déterminer avec plus de certitude, si l'honneur commande ou défend de rétablir dans leurs droits, les proscrits ou les familles des proscrits, il est à propos de rechercher d'abord, si quelque loi au-

torisait leur condamnation, ou si même ils avaient
eu contr'eux une apparence de loi.

Or, je dis qu'on n'a jamais pu, d'après le droit
public et les lois qui nous gouvernent, faire essuyer
une telle calamité à un citoyen, sans qu'il ait été
jugé ; je soutiens que telle a toujours été la jurisprudence dans cet empire, que telle nous l'ont transmise
nos ancêtres ; en un mot, qu'il est de l'essence d'un
état libre, qu'aucun de ses membres ne puisse être
privé en aucune manière de son état ni de ses biens,
sans un jugement, ou du sénat, ou du peuple, ou des tri-
bunaux légalement établis. Je ne me borne pas à préten-
dre, ce qui est évident pour tout le monde, qu'on
a commis l'injustice la plus criante, qu'il n'y a point
eu de jugement ; je soutiens que c'est un parricide.

Dans toute injustice, il est très-important de con-
sidérer si elle est l'effet d'un premier mouvement,
qui n'est ordinairement qu'instantané, et ne dure
pas, ou bien si elle est le résultat d'un dessein formé
et d'avance arrêté. Car une injustice qui provient
d'un mouvement soudain, est moins coupable
qu'une injustice réfléchie et préparée de longue
main. La présente cause, par un singulier hasard,
porte la double empreinte de l'emportement et de
la préméditation. Un plan bien combiné nous con-
damnait à l'exil ; la colère, que dis-je ? plutôt la
fureur nous a frappés. Et pourtant tout homme sur
qui la sagesse a quelque empire, doit surtout se
garder de la colère, lorsqu'il punit ; un furieux qui
inflige une peine, ne saura pas se tenir dans de justes
bornes, à égale distance du trop et du trop peu. Il ne

faut pas qu'en rien la passion nous gouverne, et il est à souhaiter que les chefs de l'Etat imitent l'impassibilité des lois qui, lorsqu'elles punissent, ne prennent point la colère, mais l'équité, pour guide.

Dans ce nom déplorable de proscription, dans toutes ces horreurs du gouvernement de Sylla, que trouvons-nous de plus mémorable en fait de barbarie? C'est, je crois, la peine de mort décernée nommément contre tels et tels citoyens, sans forme de procès. Avez-vous donc donné, Romains, à un Tribun du peuple le pouvoir de proscrire qui bon lui semblera? Car, je vous le demande, n'est-ce pas là une véritable proscription : *veuillez, ordonnez que Marcus Tullius soit banni de la république, et que ses biens soient à moi.*

Voilà en effet ce qui a été proposé, quoiqu'en d'autres termes. Et c'est là un plébiciste? c'est là une loi? c'est là ce qu'on présente au peuple? L'avez-vous pu souffrir? la république le souffrira-t-elle, que tous les citoyens, les uns après les autres, soient ainsi, d'un trait de plume, jetés hors de son sein?

Pour nous la crise est passée : nous n'avons plus aucune cabale, aucune violence à craindre : nous avons rassasié l'envie, apaisé la haine des méchans, assouvi la rage et la perfidie des traîtres : enfin cette cause qui semblait n'avoir d'autre but que d'armer contre nous les mauvais citoyens, la voilà terminée par le jugement solennel de toutes les villes, de tous les ordres, de tous les dieux et de tous les hommes.

C'est à vous-mêmes, Pères conscrits, c'est à vos enfans et à tout le reste des citoyens que vous devez maintenant songer, comme il convient à votre prudence et à votre autorité.

Nos ancêtres ont sagement réglé la forme des jugemens du peuple : premièrement les peines pécuniaires y sont incompatibles avec la peine de mort ; en second lieu, personne ne peut être accusé sans assignation préalable; en troisième lieu, le magistrat doit faire trois dénonciations à un jour d'intervalle l'une de l'autre, avant de rien proposer ni de rien statuer sur la peine. Et que de moyens n'a-t-on pas encore fournis aux accusés pour fléchir les juges et pour exciter la compassion! Ensuite, on peut réclamer l'indulgence du peuple, et l'on en obtient aisément sa grace. Enfin, si quelque incident, les auspices, une excuse légitime, empêche que le jugement n'ait lieu au jour marqué, toute la cause est renvoyée.

Eh! bien, si tels sont les usages, qu'on me montre les griefs, la dénonciation, l'accusateur, les témoins ? N'est-ce pas une indignité, qu'un citoyen qui n'a été ni ajourné, ni sommé de comparaître, ni accusé, voie son existence, ses enfans, sa fortune tout entière, à la merci d'assassins soudoyés, de misérables, de pervers, et que le suffrage d'hommes aussi vils passe pour une loi ? Accordez ce pouvoir abusif, et jetez seulement un regard sur la jeunesse, particulièrement sur ceux qui déjà dévorent des yeux la puissance : oui, si cette jurisprudence s'établit une fois, vous trouverez des colléges entiers de tribuns du peuple, tout prêts à se précipiter de concert sur la fortune des plus riches citoyens, et qui rendront ce pillage agréable à la multitude, en lui promettant des largesses. 10

Vendre les biens d'un coupable justement condamné, c'est un crime, c'est un forfait. Mais vendre les biens de ceux qu'on n'a pas condamnés, ou dont la condamnation est illégale , c'est là un trait de scélératesse qui n'a point de nom.

Car, que peut-on reprocher aux proscrits? J'entends dire : « Ils ont abandonné leur patrie. » C'est donc notre départ qu'on nous objecte? et c'est de quoi nous ne pouvons nous justifier sans faire de nous le plus bel éloge. Que devons-nous dire en effet, Pères conscrits ? que nous avons pris la fuite, parce que nous nous sentions coupables ? Mais ce que l'on nous reprochait, notre constance, notre fidélité, loin d'être un crime, était au contraire l'action la plus belle qui jamais ait mérité l'admiration des hommes. Que nous craignions tout d'un jugement du peuple ? mais on ne parla pas de jugement , et s'il avait eu lieu, il eût doublé notre gloire. Que nous n'avions point à compter sur le secours des gens de bien ? c'est une fausseté. Que nous craignions la mort ? c'est une infamie. Il faut donc dire ce que je ne dirais pas, si je n'y étais forcé , il faut le dire, moins pour accroître notre gloire que pour nous justifier. Oui, je le dis, et je le dis le plus haut qu'il m'est possible : oui, lorsque nous vîmes tout ce qu'il y avait d'hommes perdus et de conjurés, soulevés par la rage, conduits par un forcené, autorisés par un tribun du peuple, au milieu de l'abattement du sénat, de l'inquiétude et des alarmes de toute la république, se jeter, non pas tant sur nous (nous n'étions qu'un prétexte), que sur tous les gens de bien ; nous avons compris que, si nous triomphions, il resterait à peine quelques lambeaux de la république, et que, si nous succombions, elle serait complètement anéantie. Car, si plus dociles aux avis de quelques braves, nous avions voulu prendre les armes et combattre, notre victoire aurait coûté la vie à une foule de méchans, de citoyens néanmoins ; ou bien (et c'est ce qui faisait l'objet des vœux les plus ardens de la canaille), tous les honnêtes gens périssaient et entraînaient la république dans leur chûte. A cette pensée, je plaignis une épouse qui allait être séparée de son époux ; des enfans tendrement chéris qu'abandonnait leur père ; un frère excellent et vivement aimé qui partageait ma disgrâce ; mais à tout cela je préférai la conservation de mes concitoyens. Je prévoyais bien, ce qui depuis est arrivé, que si nous n'avions fait que tomber, il restait des hommes généreux qui pourraient un jour nous relever ; au lieu que si nous avions péri avec tous les gens de bien, il n'y avait plus pour nous aucun espoir de revivre.

Ressentir dans son âme des douleurs si cruelles, essuyer seul, quoiqu'innocent et citoyen, dans une ville libre et florissante, tout ce qui arrive aux vaincus dans une place prise d'assaut ; être ravi aux embrassemens de sa famille, voir sa maison démolie, ses biens mis au pillage, perdre sa patrie par amour pour sa patrie, tomber tout d'un coup du faîte des dignités et des honneurs, subir tous ces outrages pour la conservation de ses concitoyens, n'est-ce pas là une gloire éclatante, une gloire toute divine. Car enfin, abandonner pour l'intérêt de la république ce qu'on n'a jamais ni estimé, ni chéri, l'abandonner même sans murmure, ce n'est point faire preuve d'un grand attachement pour elle; mais se séparer, à cause d'elle, des objets auxquels on ne s'arrache qu'avec la plus vive douleur, c'est montrer qu'on aime sa patrie par-dessus tout, puisqu'on la préfère à ses plus douces affections. Dussent-ils donc mourir de dépit, ces furieux qui me forcent à le dire : Oui, les lois ont été sauvées, la patrie a été sauvée, la religion a été sauvée, nous-mêmes nous avons été sauvés avec les bons citoyens; nous vivons, la bonne cause est victorieuse, et pour les méchans il n'y a plus de triomphe que dans le silence et dans la fuite.

Un injuste arrêt ne flétrit point l'éclat d'un grand nom, il y ajoute un nouveau lustre. Je veux qu'il soit plus désirable de parcourir une carrière exempte de troubles et d'orages; mais tout homme qui vise à l'immortalité, trouvera plus glorieux d'avoir été l'objet des regrets de ses concitoyens, que de n'avoir jamais subi les coups du sort.

Vous avez osé nous traiter d'exilés, vous, flétris par tant de crimes, vous, couverts de tant d'infamie, que vous n'eussiez pu vous transporter nulle part, sans transformer en un lieu d'exil le lieu qui vous aurait reçus ? Qu'est-ce en effet qu'un exilé ? le nom,

par lui-même, implique en soi l'idée d'infortune, nullement celle de deshonneur. Quand donc l'exil est-
il deshonorant ? c'est dans la réalité , lorsqu'il est la
peine d'un méfait, et dans l'opinion publique, lorsqu'il est le résultat d'un jugement. A quel titre peut-
on donc nous appeler exilés? est-ce comme coupables
ou comme condamnés coupables? grands Dieux !
vous n'oseriez le dire ; ils ne l'oseraient même pas
ceux qui le disaient sans cesse. Je ne parle point de ce
concert , de cette unanimité de sentimens des cités,
des nations, des provinces, des rois, en un mot,
de l'univers entier, sur les services par nous rendus
13 à la patrie. Mais notre arrivée , mais notre entrée dans ROME , comment la retracer? Notre patrie
nous reçût-elle autrement qu'elle n'eût reçu la lu-
mière et la vie qu'on lui aurait rendues , ou nous
accueillit-elle comme des tyrans sanguinaires? et
c'était là, vils associés de CATILINA, le nom que vous
vous plaisiez à nous donner. Le but de la nouvelle
loi n'était pas de nous permettre de revenir à Rome ,
mais de nous y inviter. Le malheur d'avoir été
en exil, si c'est là un exil, ferme donc la bouche à la
médisance; et jamais personne ne s'avisera de dé-
clamer contre notre départ, lorsque tant de témoi-
gnages flatteurs , tant d'applaudissemens, tant de
signes éclatans de faveur se réunissent pour le légi-
timer. Mais si ce reproche injurieux, loin d'être fait
pour nous humilier, ne sert au contraire qu'à répandre un nouveau lustre sur notre gloire, peut-il exister,
peut-on même imaginer une extravagance pareille à
la vôtre ? Notre exil, direz-vous, n'a pas été la peine

d'un crime; il a été l'effet d'une condamnation. De quelle condamnation ? Quel juge nous a jamais interrogés en vertu d'une loi ? Quelles plaintes ont été portées contre nous? Quel ajournement nous a été signifié ? Peut-on subir la flétrissure attachée à la condamnation, si l'on n'a pas été condamné.

A moins que vous ne preniez pour le peuple Romain cette troupe de mercenaires, que l'on ameute pour insulter les magistrats, pour assiéger le sénat, pour désirer chaque jour des meurtres, des incendies, des rapines? espèce de peuple, dont vous ne pouviez cependant former une troupe raisonnable qu'en faisant fermer les boutiques; et à qui vous aviez donné pour chefs les Lentidius, les Lollius, les Plaguleius, les Sergius. Représentans bien dignes de la grandeur et de la majesté du peuple Romain, dont le nom fait trembler les Rois, les nations étrangères et les contrées les plus reculées, que ce vil ramas d'esclaves, de mercenaires, d'assassins, de mendians.

Avez-vous pensé que vos crimes tourneraient à notre honte ? Quelle erreur ! Nous fûmes malheureux; fûmes-nous par cela seul coupables, et par cela seul condamnés ?

Mais ce n'est pas un jugement, c'est une loi qui nous condamne ?

Et, si pour faire passer cette loi vous avez employé la contrainte, est-ce toujours une loi? et peut-on jamais regarder comme juridique l'ouvrage d'une violence manifeste ?

Lorsque, dans le tribunal Aurélien, vous enrôliez ouvertement et les hommes libres et les esclaves

rassemblés de tous les quartiers, vous ne songiez
sans doute pas alors à employer la violence ? Quand,
par vos édits, vous faisiez fermer les boutiques,
vous ne cherchiez point à ameuter une populace
ignorante, mais à réunir tout ce qu'il y avait
d'hommes modérés, sages et vertueux ? Quand vous
faisiez un arsenal du temple de Castor, vous n'aviez
d'autre but que d'empêcher toutes les voies de fait ?
Et quand vous faisiez arracher et emporter les degrés
de ce temple, c'était pour empêcher les séditieux
d'y entrer, afin de pouvoir procéder avec calme ?
Quand vous citiez devant votre tribunal ceux qui
avaient parlé en notre faveur dans une réunion
d'honnêtes gens, et que vous dispersiez à coups
de poings, à coups d'épée et à coups de pierres, leurs
amis qui venaient les défendre; vraiment vous
montriez bien alors que vous aviez la violence en
horreur ! Après tout, ces fureurs de conspirateurs
en délire pouvaient être aisément comprimées par
le courage ou par la multitude des bons citoyens.
Mais, quand on donnait à Gabinius la Syrie, à
Pison la Macédoine, à l'un et à l'autre des sommes
immenses, une autorité très-étendue, à cette charge
qu'ils vous promettaient de tout faire, de vous aider
en tout, de laisser à vos ordres leurs soldats et leurs
centurions, de vous procurer de l'argent et des
troupes de gladiateurs, de braver avec audace l'autorité du sénat, de menacer de mort et de proscription les chevaliers romains, de nous intimider
nous-mêmes par leurs menaces, de nous déclarer
une guerre sanglante, une guerre à mort, d'écarter

de nous, par la crainte des proscriptions, la foule empressée des gens de bien, de nous ravir tout appui, d'empêcher le sénat, non-seulement de combattre pour nous, mais même de pleurer et de faire des supplications; alors même, alors, n'y avait-il pas de violence?

Il n'y avait pas de violence, lorsque voulant, à la faveur de la DISETTE, soulever la multitude ignorante et pauvre, vous avez espéré renouveler ces funestes brigandages, dont le manque de vivres avait été jadis la cause?

Les provinces qui cultivent le blé, ou n'en avaient point, ou, grâces à l'avidité des monopoleurs, l'avaient envoyé dans d'autres contrées, ou le tenaient renfermé dans leurs magasins. C'était un fait dont 16 il n'était plus permis de douter. Le danger était présent et manifeste; et ce n'était plus sur de simples conjectures que nos craintes étaient fondées; nous étions déjà convaincus par une triste expérience. En effet, comme le manque de vivres devenait tous les jours plus sensible par la perfidie des méchans, et que ce n'était plus la cherté des alimens, mais bien une véritable famine qu'on avait à redouter, le peuple se porta en foule au temple de LA CONCORDE, pendant que le consul Métellus y convoquait le sénat.

Si la douleur et la faim furent la cause véritable de ce mouvement, sans doute le sénat a dû prendre des mesures. Si la cherté du blé n'en fut que le prétexte, c'est vous seuls qui fûtes les moteurs et les instigateurs de la sédition. N'a-t-il pas été de notre devoir d'opposer des digues à votre fureur ? surtout si les deux motifs de révolte existaient en même temps, si d'un côté la faim soulevait le peuple, et si de l'autre vos accaparemens étaient à ces calamités comme l'ongle à la plaie qu'il déchire.

Il y avait donc cherté actuelle et famine inévitable. Ce n'est pas tout : Il a fallu encore qu'on lapidât. Si l'exaspération des esprits fut ici le seul moteur, c'est toujours un grand mal. Si cette funeste impulsion vient de vous, c'est un crime familier à des scélérats. Si l'un et l'autre était vrai, que la circonstance fut capable par elle-même d'émouvoir la multitude, et que vous vous soyez trouvés en armes, tout prêts à vous mettre à la tête de la sédition; certes la chose n'en est que plus affreuse et plus déplorable.

17 · Or, il est manifeste que c'était l'un et l'autre. Telle était la difficulté de se procurer des vivres, et l'extrême disette des grains, qu'il n'était plus question de leur cherté, mais que l'on attendait la famine et toutes ses horreurs; tout le monde en convient. Vous soupçonnez déjà, Pères conscrits, que ces ennemis déclarés de la paix et de la tranquillité publique, ont saisi avidement cette occasion d'exercer leur profession de brigands, de meurtriers, d'incendiaires ; cependant, suspendez votre jugement, jusqu'à ce que la preuve du fait vous apparaisse dans toute sa clarté.

Qui sont ceux que Q. Métellus a nommés tout haut dans le sénat, comme l'ayant poursuivi et même atteint à coups de pierres ? Il a prononcé les

noms de L. Sergius et de M. Lollius. Quel est ce
Lollius? Un homme qu'on n'a jamais vu qu'avec des
armes, un homme qui s'est offert pour assassiner
Cn. Pompée. Quel est ce Sergius? Autrefois l'écuyer
de Catilina, aujourd'hui votre satellite, le porte-
enseigne de la révolte, le boute-feu de la populace,
un homme condamné en justice pour ses voies de
fait, un assassin qui lance des pierres, qui infeste
le Forum, qui assiége le sénat. Guidés par de tels
agens et d'autres semblables, lorsque les rebelles,
profitant de la cherté des vivres, se préparaient à
fondre, au premier moment, sur le sénat, sur les
biens et les fortunes des plus riches citoyens, sous
le prétexte de défendre la multitude ignorante et
pauvre ; lorsque le repos était pour eux le gage as-
suré de leur perte ; lorsqu'on voyait des bandes de
misérables distribués par décuries sous des chefs
désespérés, ne fallut-il pas prendre des mesures
pour éteindre ce brandon funeste qui allait allumer
partout l'incendie ?

18

Ce Sergius, ce Lollius, ces autres pestes publiques, qui désignaient-ils, lorsque les pierres vo-
laient de toutes parts ? Qui rendaient-ils responsa-
bles de la cherté des vivres ? n'était-ce pas nous ?
Et que voulait dire ce concours d'hommes, de fem-
mes et d'enfans, qu'eux-mêmes ils avaient dressés,
et que de nuit ils nous envoyaient ? Ils nous deman-
daient du pain ! comme si nous avions eu l'admi-
nistration des blés, comme si nous en avions acca-
paré et caché en quelque endroit, ou que nous eussions
été chargés d'exercer quelque surveillance, quel-

qu'autorité dans les affaires de ce genre ? Mais des hommes toujours prêts à répandre le sang avaient attaché notre nom à leurs œuvres, et l'avaient fait retentir aux oreilles de la multitude abusée.

Ce moyen leur réussit au grand détriment de l'état. Tous nos efforts furent inutiles. Cette torche de discorde une fois allumée, la république allait s'engloutir dans un vaste incendie. Eh ! si nous étions restés à Rome, ces vieilles hordes de conjurés, ces soldats perdus par la corruption et la misère, et ces nouvelles recrues de brigands forcenés auraient-ils épargné nos personnes, eux qui nous virent quitter nos foyers pour nous dérober à leurs cruautés et à leurs forfaits, et dont la rage n'était point encore assouvie à la vue des maux qui nous accablaient ! Qu'est-il arrivé ? La violence eut le dessus : nous cédâmes à la violence. Alors, pendant notre absence, lorsque tous les esprits étaient abattus par la terreur, lorsque les honnêtes gens gardaient un morne silence, ou désertaient le Forum, il ne fut point difficile d'afficher nos noms, et de mettre nos biens à l'encan. Mais certes ce fut là un acte de violence et non l'exécution d'une loi.

Nous qui partîmes intacts, nous sommes REVENUS comme en triomphe. Aucune loi ne nous avait exilés, et c'est pourquoi nous avons droit de proclamer que nous n'avons pas subi de condamnation.

Vous voyez donc que ce dont vous vouliez nous faire un crime, devient notre complète apologie.

Abordons maintenant la question des biens.

Nous sommes revenus, Pères conscrits, mais vos

lois semblent s'opposer à notre retour. En effet , si nous ne rentrons dans nos foyers, si nous ne sommes rétablis avec tous nos droits dans nos anciennes demeures, si nos fermes, nos champs, nos bois ne nous sont pas rendus, et qu'ils soient aux yeux de nos ennemis un monument de nos infortunes , de leurs crimes et des calamités publiques, serons-nous vraiment de retour dans notre patrie ? N'est-ce pas plutôt nous condamner à un éternel supplice ?

Nos biens sont exposés à tous les regards ; le nom de nos ennemis demeure insolemment sur les murs de nos maisons. Il sera mieux de nous expatrier encore, que d'habiter une ville où nous voyons élevés des trophées qui consacrent nos malheurs et ceux de la république. Avons-nous un cœur assez inflexible pour regarder d'un œil sec et sans être pénétrés de la plus douloureuse indignation, nos maisons renversées, nos campagnes dévastées ? Les larmes des honnêtes gens peuvent-elles cesser de couler à cet affreux spectacle ?

Ils pleurent sur la patrie dépouillée de son ancien éclat ; ils gémissent aussi en voyant négligée cette bonne foi, si en honneur parmi nos ancêtres. Et quel soutien plus puissant que la bonne foi peut maintenir la république ? Or, il n'est plus de bonne foi , si l'on n'admet point comme un principe la restitution d'un dépôt. Si nous voulons acquérir la véritable gloire, acquittons-nous des devoirs qu'impose la justice. Eh bien ! la justice, qu'est-ce autre chose que de rendre à chacun ce qui lui appartient ? Or, nous conservons et avons toujours conservé nos

droits sur nos biens confisqués, droits qui furent quelque temps étouffés par la violence, mais qui n'ont
jamais cessé d'être des droits. Or, quand le règne
de la violence est passé, celui du droit recommence.
Long-temps privés de patrie, des priviléges de citoyens, de notre famille, de nos biens, nous reve-
nons aujourd'hui, et la république rétablic avec
nous, doit nous rétablir avec elle.

Par-là obtiendrons-nous une faveur, ou nous
fera-t-on justice ?

Ce sera nous accorder une faveur, si nous avons
été justement condamnés.

Ce sera nous faire strictement justice, si nous
n'avons pas été condamnés, ou si, comme nous l'a-
vons prouvé plus haut, nous avons été condamnés
contre toutes les lois, et sans avoir été mis en jugement.

Prenez garde, Pères conscrits, à la décision que
vous allez prononcer dans cette cause particulière,
sur les biens de tous les citoyens en général.

La propriété est une chose sacrée. Si les chefs de
l'état ne la défendent contre toute agression ; s'ils ne
réparent toutes les atteintes qu'on peut lui porter,
la société est sapée jusque dans ses fondemens.

21 L'homme qui dépouille l'homme et qui cherche son
avantage au préjudice d'autrui, fait une chose qui
est plus contraire à la nature que la mort, que la pau-
vreté, que la douleur, que tous les autres maux cor-
porels et extérieurs. D'abord, une action semblable
tend à l'anéantissement de toute association, de toute
communauté civile. Si nous sommes en effet disposés

de telle façon, que chacun pour son propre intérêt dépouille son voisin, ou lui fasse violence, il s'en suivra
nécessairement la dissolution de la société du genre
humain, qui est le grand objet de la nature. Si
chaque membre de notre corps était organisé de
manière à penser qu'il se porterait mieux, en at-
tirant à lui la substance du membre voisin, il en
résulterait infailliblement l'affaiblissement et la
destruction du corps entier; de même, si chacun de
nous, pour son seul profit, s'approprie les biens
des autres, et leur dérobe ce qu'il peut, toute communauté, toute société entre les hommes sera de nécessité anéantie. Il n'est point, certes, contraire à la
nature, que chacun aime mieux acquérir pour soi
que pour les autres les choses nécessaires à la vie;
mais aussi cette même nature nous défend d'aug-
menter, au détriment d'autrui, nos facultés,
notre pouvoir, nos richesses. Ce n'est pas seulement
d'après la nature, c'est-à-dire le droit des gens, c'est
encore d'après les lois particulières des peuples, les-
quelles régissent la chose publique dans chaque
cité, qu'il a été pareillement réglé qu'il n'était
pas permis de nuire à autrui pour son propre avantage. 22

En effet, ce que les lois ont en vue, ce qu'elles
veulent par dessus tout, c'est le maintien de la société civile dans toute son intégrité; et elles con-
damnent ceux qui y portent atteinte, à la mort, à
l'exil, aux fers, au bannissement. Ce même principe est encore plus spécialement recommandé par
la raison naturelle, qui est la loi divine et humaine,

dont le fidèle observateur, (et tout homme le sera , qui voudra vivre selon la nature ,) ne se portera jamais à convoiter le bien d'un autre , ni à se l'approprier s'il se trouve entre ses mains. L'élévation et la grandeur d'ame, ainsi que la douceur , la justice, la libéralité, sont bien plus selon la nature , que la volupté, que la vie, que les richesses , toutes choses qu'un haut et noble cœur doit mépriser, et compter pour rien au prix de l'utilité commune. Dépouiller, au contraire, son prochain, est beaucoup plus contre la nature, que de mourir , que de souffrir, que de se soumettre, en un mot, aux autres misères de l'humanité.

Nos biens , comme nous l'avons déjà fait voir , nous ont été enlevés sans que nous fussions coupables, sans qu'on nous eût condamnés ; le droit de propriété a donc été attaqué et violé dans la personne de chacun de nous. Nos biens ont été saisis contre la justice, vendus contre la justice ; et ceux qui appartiennent maintenant au fisc , le fisc les retient contre la justice. Dépouillés par la violence, lorsque cette injuste violence a cessé, nous devons rentrer dans nos droits.

Et ce ne sera pas là une libéralité , ce ne sera pas un bienfait : il est au pouvoir de tous de donner ou de refuser ; mais ne pas rendre , cela n'est point permis à des hommes d'honneur.

Ce n'est pas non plus une question d'intérêt et d'utilité publique, car, il n'est pas permis de comparer avec la vraie honnêteté l'utile qui lui est opposé, pas plus que de mettre en parallèle aucune sorte d'utilité avec cette honnêteté commune, que pratiquent ceux qui veulent être regardés comme gens de bien. C'est cette honnêteté que nous devons défendre et conserver. Comment pourrait-on autrement maintenir la république et lui faire faire quelques progrès dans le chemin de la vertu.

Paie ce que tu dois ! Telle est la première loi du devoir et de la justice. Et l'intérêt bien entendu de l'état, ne peut exister autre part que dans l'observation de la justice.

Il est un principe qui nous doit diriger tous, c'est que l'utilité particulière et l'utilité générale sont une seule et même chose. Si chacun rapporte tout à soi, la société va bientôt se dissoudre. Ajoutez que si la nature prescrit à l'homme de faire du bien à son semblable, quel qu'il soit, par cette seule raison qu'il est homme comme lui, il suit nécessairement que l'utilité de chacun se trouve dans l'utilité commune. S'il en est ainsi, nous sommes tous régis par une seule et même loi de la nature ; et c'est par cette loi naturelle qu'il nous est défendu de nuire à autrui, et ordonné de lui restituer ce que nous lui avons enlevé. C'est là le lien le plus indissoluble de la société : c'est là que réside la justice, cette vertu, la maîtresse et la reine de toutes les autres. Et il ne peut se rencontrer de circonstance où il importe à l'état d'attenter à la justice et à la bonne foi.

Rappelez-vous, Pères conscrits, ces temps de si déplorable mémoire. Tous les coups que l'on nous portait, avaient cessé de paraître injustes ou cruels. Il en est même qui, en vendant à l'encan, en pleine

place publique, les biens des particuliers, les plus
honnêtes et les plus riches, à qui, certes, on ne
pouvait contester la qualité de citoyens, osèrent
dire à haute voix qu'ils ne vendaient que leur butin.
On ne connaissait plus de garantie, il n'y avait plus
rien de sacré; les écrits, les signatures, tout était
aboli. Nos fermes, nos maisons, étaient la proie
des plus vils scélérats; des comédiens, des courti-
sanes se partageaient nos dépouilles.

Pouvait-on paraître traiter avec rigueur les alliés
de la république, lorsqu'on avait exercé tant de
cruautés sur les citoyens? Il vint ensuite un HOMME
qui, dans une cause impie et une victoire encore
plus honteuse, ne se contenta pas de confisquer les
possessions des particuliers, mais qui enveloppa
dans la même calamité toutes les provinces, tous les
peuples! Je citerais encore beaucoup d'atrocités de
ce genre, si le soleil avait jamais éclairé un forfait
plus révoltant que celui-là seul.

Nos malheurs sont bien mérités. Si nous n'avions
point laissé impunis les crimes de tant d'autres, nous
n'aurions jamais vu tant d'audace s'élever dans le
cœur d'un seul homme; à la vérité il a laissé peu d'hé-
ritiers de ses biens, mais il a trouvé parmi les méchans
de nombreux successeurs de ses funestes passions.

25 Que parlons-nous de lois que l'on prétend avoir
été portées légalement, tandis que quiconque y avait
contribué, soit de la main, soit de la voix, soit de
son suffrage, soit en participant au butin, n'a trouvé
partout que honte et condamnation ?

J'entends invoquer le nom de la liberté! ô crime!

c'est dans le temps qu'armés de poignards, précédés par la terreur, secondés par des édits, par des lois personnelles, par une troupe de scélérats à vos ordres, par le voisinage d'une ARMÉE, dont vous menaciez les citoyens, par vos traités impies ; vous teniez la république sous le joug de la plus affreuse servitude, c'est alors que vous INAUGURIEZ la statue de la liberté, plutôt pour insulter à la pudeur, que pour rendre un culte à sa divinité.

Enfin, vous n'avez pu trouver personne pour s'associer à vos rapines ou pour les partager, si ce n'est dans les rangs de vos gladiateurs ; personne pour donner son suffrage à votre fameux acte de proscription, si ce n'est parmi les voleurs ou les assassins. Lorsque vous étiez maîtres de tout, vous n'avez su non plus rencontrer un honnête homme à qui vendre, à qui adjuger, à qui donner nos propriétés. Il n'y a pas de citoyen dans un si grand peuple, hormis cette troupe impure et sanguinaire dont CLODIUS est le chef, qui ait voulu toucher à la moindre partie de nos biens, qui ne les ait défendus de tout son pouvoir durant la tempête. Et les malheureux mêmes qui n'ont pas craint de se souiller en prenant part à ce butin, à ces sociétés, à ces achats infâmes, n'ont évité depuis aucune sorte de condamnation, soit générale, soit personnelle. Quoi ! s'il reste aujourd'hui quelque portion de tous ces 26 biens, auxquels personne n'a touché, sans être regardé comme un scélérat, il est dans l'intérêt de la république de ne rien nous restituer, de nous frustrer de la possession de nos terres, de nos maisons qu'on n'a point vendues, ou du prix auquel on les aurait vendues?

Est-il cependant rien de plus sacré, de plus respectable aux yeux de la religion, que la maison d'un citoyen? Là sont ses autels, ses foyers, ses dieux pénates; c'est là qu'il fait des sacrifices, des actes pieux, des cérémonies; c'est un asile inviolable pour tous, et dont il n'est pas permis d'arracher qui que ce soit. Nouvelle raison pour vous, Pères conscrits, de fermer l'oreille aux discours de ces furieux, qui n'ont pas seulement violé, au mépris de la loi, mais renversé, au nom même de la loi, le refuge où nos ancêtres ont voulu que nous fussions en toute assurance, à l'abri de ce nom sacré.

Cette belle liberté, divinisée par vous, aura chassé indignement nos pénates et nos lares domestiques, pour être installée par vos mains comme sur un terrein conquis!

Mais quelle est cette déesse? Il faut que ce soit une bonne déesse, puisqu'elle a été consacrée par vous. C'est la liberté. L'avez-vous donc établie dans nos maisons? Quoi! vous? dans le temps même où vous prétendiez que le sénat et les magistrats, investis de toute l'autorité, n'étaient pas libres; dans le temps où l'entrée du temple de Castor n'était permise à personne; dans le temps où, rencontrant en public le plus illustre personnage, le plus noble des citoyens, environné de toutes sortes d'honneurs, et qui joignait à une rare bonté une modestie sans égale, vous ordonnâtes à vos valets de lui

marcher sur le ventre; dans le temps où, au mé‑
pris des formes, vos décrets tyranniques le met‑
taient hors la loi ; où vous le teniez enfermé dans sa
demeure, lui, LE PLUS GRAND HOMME de l'univers, si
connu par sa douceur et sa patience ; où vous osiez
porter une main sacrilége sur sa personne sacrée, que
dis-je? où vous osiez le massacrer, en le perçant de
vos glaives parricides ; dans le temps où les bandes
de vos odieux satellites vous avaient rendus maîtres
de la place publique : vous placiez impudemment
la statue de la liberté dans nos maisons, qui
étaient devenues elles-mêmes des témoins frappans
de votre despotisme cruel et du triste esclavage du
peuple romain !

Mais où l'a-t-on trouvée cette LIBERTÉ prétendue?
Dieux immortels ! vous savez son histoire ! Il y eut
autrefois à Tanagre une COURTISANE fameuse ; à peu
de distance de la ville était son tombeau, et sur ce
tombeau sa statue en marbre. Un homme, qui res‑
semblait à ces religieux adorateurs de la liberté,
rapporta cette statue à Rome pour relever la ma‑
gnificence de son édilité ; ensuite il leur fit présent
de la statue enlevée du tombeau de la courtisane,
et qui représentait plutôt leur impudicité que la li‑
berté publique. Qui oserait donc profaner cette di‑
vinité, image d'une prostituée, ornement d'un tom‑
beau, enlevée par un brigand, consacrée par des
mains sacriléges ! Voilà donc la divinité qui nous
chassera de nos demeures ! qui exercera ses ven‑
geances sur la république en deuil, et se verra parée
de ses dépouilles ! qui fera partie d'un monument 28

destiné à perpétuer le souvenir honteux de l'oppression, sous laquelle a gémi le sénat ! Nous verrons
cette liberté de Tanagre régner sur les débris de la
véritable liberté ?

Non, Pères conscrits, vous ne pourrez souffrir
un tel outrage.

Il faut enfin que nous rentrions en possession de
nos biens ; et vous savez de quelle importance il
est pour la république, que cette restitution ait
lieu dans son intégrité.

Jusqu'ici, nous sommes encore exilés non-seulement de nos maisons, de nos champs, de nos cités,
mais de notre patrie tout entière, où nous paraissons
rétablis. Ce n'est ni le pillage de nos biens, ni la démo-
lition de nos demeures, ni la dévastation de nos héri-
tages, ni les rapines cruellement exercées aux dépens
de nos fortunes, qui nous touchent sensiblement ;
nous n'avons cessé de regarder ces choses comme pé-
rissables et peu solides : présens passagers, non de la
vertu ni des talens, mais des circonstances et du hasard : il nous a toujours semblé qu'il fallait moins en
désirer la possession et l'abondance, qu'en savoir ré-
gler l'usage et souffrir patiemment la privation. Car
pour ce qui concerne nos besoins, la mesure en est
aujourd'hui à peu près fixée : pour nos enfans, nous
leur laisserons un assez riche patrimoine dans le nom
de leurs pères et le souvenir de nos services. Mais
après avoir vu nos maisons envahies par le crime,
devenues la proie du brigandage, ruinées par la
plus insolente scélératesse, nous ne pouvons en de-

meurer dépouillés sans ignominie pour l'état, sans affront et sans douleur pour nous.

Si, donc, vous regardez notre retour comme un événement agréable aux Dieux, au Sénat, au peuple romain, à toute l'Italie, aux provinces, aux nations étrangères, à vous-mêmes enfin, je vous en prie, je vous en conjure, Pères conscrits, ô vous qui nous avez déjà remis dans nos droits par votre autorité, votre zèle et vos suffrages, daignez encore aujourd'hui, d'après le vœu de la justice, nous replacer de vos propres mains dans nos foyers.

Vos lois ne peuvent s'y opposer, sans mériter le nom de lois de fureur et de brigandage. Il est une loi plus ancienne que la vôtre : la voici cette loi : *à chacun le sien.* C'est, Pères conscrits, une loi non écrite, mais innée dans nos cœurs. Nous ne l'avons ni apprise de nos maîtres, ni étudiée dans des livres ; nous la tenons de la nature même, nous l'avons puisée dans son sein, c'est elle qui nous l'a inspirée. Ni les leçons, ni les préceptes ne nous en ont enseigné la pratique. Nous l'observons par sentiment, nos ames en sont pénétrées. Cette loi est le fondement de toute association humaine, elle défend que ma maison, que le champ de mes pères me soient enlevés.

Ceux qui veulent se rendre populaires, et qui, dans cette vue, demandent le renouvellement de la loi agraire, pour chasser les propriétaires de leurs maisons, ou qui opinent pour l'abolition des dettes, ceux-là minent la base de la république, en détruisant d'abord la concorde qui ne peut exister, lorsqu'on ôte aux uns des biens pour les donner aux autres, et s'il n'est point permis à chacun de conserver sa propriété. Car c'est le propre d'un gouvernement bien réglé d'offrir des garanties, telles que chacun jouisse de sa chose librement et avec sécurité.

Il y a plus, dans ce bouleversement de la république, ces hommes ne gagnent pas même, comme ils se l'imaginent, les bonnes grâces du peuple. Car celui qu'on dépouille, devient l'ennemi du spoliateur ; celui qui reçoit, cache même qu'il ait voulu recevoir, il concentre sa joie, il rougirait de montrer que sa fortune en avait besoin. Mais celui qui souffre une injustice, en conserve le souvenir, il laisse voir sa douleur et son ressentiment. Et quand même ceux que l'on enrichit méchamment seraient plus nombreux que ceux qui sont injustement spoliés, ils ne seraient pas les plus forts. Ici, l'on ne compte pas le nombre de ses créatures, mais on pèse les raisons et les griefs des offensés. Quelle équité y a-t-il à ce qu'un héritage qui, depuis des années, des siècles entiers, était dans une famille, lui soit violemment arraché, et à ce que, dans le même instant, ceux qui n'avaient rien possèdent tout, et ceux qui possédaient quelque chose n'aient plus rien ?

Un poëte, je ne sais lequel, a dit : *Bien mal acquis ne profite jamais.* C'est pourquoi les gardiens de cet empire s'abstiendront toujours de ce genre de largesse, qui enlève tout aux uns pour le donner aux autres. Ils veilleront principalement à ce que

les lois et les magistrats assurent à chacun le sien ;
à ce que les pauvres ne soient pas victimes de leur
faiblesse, à ce que l'envie n'empêche point les riches de conserver ou de recouvrer leurs biens. Ils
emploieront aussi tous les moyens pour que la république, dans la paix comme dans la guerre, voie
s'accroître sa domination, son territoire, ses trésors.
C'est là ce qu'il appartient aux profonds politiques de
faire : c'est ce que faisaient nos ancêtres. Ceux qui
s'acquitteront fidèlement des mêmes devoirs, en
procurant les plus éminens avantages à l'État, arri-
veront eux-mêmes au comble du crédit et de la
gloire.

Qu'ils cessent donc, les brigands, qu'ils cessent
d'espérer qu'après nous être relevés nous serons dé-
sormais ébranlés par les mêmes manœuvres qui
leur ont suffi pour nous abattre une première fois.
Dans l'excès de nos infortunes, nous avons épuisé
toute la rage de ces scélérats. Une injustice si mons-
trueuse, un revers si désastreux, ne laisse plus de
place à de nouvelles barbaries.

Que voulez-vous de plus, fléaux de la république,
dont la fureur n'est point assouvie par tant de calamités accumulées sur nos têtes ? Vous possédez nos
domaines; nous, nous ne vivons que des secours de la
pitié; nos maisons vous sont ouvertes, elles sont
fermées pour nous : nous le supportons depuis long-
temps avec la plus parfaite résignation. Que voulez-
vous de plus ? pourquoi nous poursuivre ? pourquoi
nous attaquer ? en quoi pouvons-nous contrarier
vos désirs, nuire à vos intérêts, vous porter om-

brage ? pourquoi vous acharner à perdre un homme ?
est-ce pour ravir sa dépouille ? vous l'avez dépouillé;
que demandez-vous encore ? est-ce la haine qui vous
domine toujours ? en quoi vous a offensé un homme
dont vous avez envahi les biens, avant que sa personne vous fût connue ! Si vous concevez quelque
crainte, que redoutez-vous d'un malheureux que
vous voyez dans cet état d'abjection et de détresse ?
32 Cherchez-vous à perdre le fils, parce que les biens du
père sont devenus les vôtres ? Vous appréhendez
donc ce que vous devez craindre moins que personne, que les biens des proscrits ne soient un jour
rendus à leurs enfans ?

Et en ce qui me regarde, n'ai-je point assouvi
votre haine et votre scélératesse, soit par moi-même
soit par ma famille.

Car, pour ne point parler des autres outrages exer-
cés contre moi, quel mal vous avait fait mon épouse
infortunée, que vous avez enlevée de vive force,
que vous avez accablée d'indignités, de douleurs,
et d'horribles traitemens ? Et ma fille ! dont les
pleurs continuels et l'habillement lugubre étaient
pour vous un spectacle si doux, et pour tous les autres un objet de compassion ? Et mon jeune fils ! cet
enfant que, pendant la durée de mon absence,
personne n'a vu autrement que baigné de larmes et
abattu de tristesse, qu'avait-il fait, pour que sa
vie fût tant de fois exposée à vos embûches ? Et ma
sœur, qui faisait dépendre sa vie de la conservation
de la mienne, lorsque son incroyable douleur et
son deuil inouï ne trouvaient pas un cœur insen-

sible, combien de fois a-t-elle échappé à vos mains
et à vos poignards, pour expirer enfin sous la hache
de votre bourreau!

Mais qu'ai-je besoin de vous rappeler vos cruautés envers nous et les nôtres, à vous dont l'impla-
cable tyrannie avait déclaré une guerre impie, abo-
minable, empreinte de tout le fiel de la haine, aux 33
MURS MÊMES, AUX COLONNES, AUX TOITS, AUX CHARPEN-
TES DE NOS MAISONS?

Ce sont toutes ces iniquités qui motivent impérieu-
sement notre rétablissement; car, n'en doutez pas,
Pères conscrits, le germe des guerres civiles ne
sera jamais étouffé, tant que les scélérats se rap-
pelleront la pique sanglante de leur barbares encans
et pourront espérer de la voir se relever. Il ne
faudrait que cet appât, pour faire renaître les bandes
de CATILINA qui viendraient, sous la conduite des
mêmes chefs, vous massacrer et vous incendier. Vous
verriez se renouveler dans Rome ces horreurs dont
vous avez été témoins : le sénat impuissant, l'impu-
nité régnant pour tous les crimes, la justice muette,
la violence et le fer au sein du Forum, les particuliers cherchant à l'abri de leurs murs une sûreté
ué les lois ne leur garantissent plus, les magistrats
couverts de blessures, tandis qu'on se précipite vers
leurs maisons, le fer et la torche à la main; les
faisceaux des consuls brisés; les temples des dieux
livrés aux flammes.

Que si vous voulez assurer le bien être et le salut
de tous les citoyens, il faut laver cette tache; la

cause de tous nos maux ; il faut nous rendre, nos biens, nos maisons, nos champs, nos domaines. . .

Mais, dit-on, une grande partie de nos propriétés est vendue; il n'y aurait pas trop de justice à troubler l'acquéreur, après une possession de trente années; ce serait bouleverser l'État; et l'on n'a aucun droit de dépouiller celui qui a acheté de bonne foi. Cette difficulté, si c'en est une, ne doit pas nous effrayer; permettez-moi seulement de vous offrir en exemple, ce qui a été fait dans une situation pareille.

Le sicyonien Aratus, voyant sa patrie sous l'oppression des tyrans depuis cinquante ans, partit d'Argos pour Sicyone, s'y introduisit secrètement. et s'en rendit maître. Après avoir surpris et tué le tyran Nicoclès, il rappela six cents exilés qui étaient auparavant les plus riches citoyens de la ville, et rendit la liberté à sa patrie. Mais bientôt il s'aperçut des difficultés qu'il y aurait pour les propriétés des citoyens rappelés de l'exil ; il regarda comme souverainement injuste de laisser dans le besoin ceux qu'il venait de rendre à leur pays, tandis que d'autres posséderaient leurs biens ; d'un autre côté, il ne crut pas qu'il fût juste de revenir sur une possession de cinquante ans, surtout lorsque plusieurs de ces biens, après un si long espace de temps, étaient passés à de nouveaux propriétaires, qui les détenaient de bonne foi à titre de dot, d'achat, où d'héritage : il jugea qu'il ne fallait ni les ôter aux uns, ni frustrer les autres d'une juste indemnité,

Convaincu que l'argent était nécessaire pour l'exé-

cution de son projet, il annonça qu'il allait partir
pour Alexandrie, et qu'il désirait que tout restât
dans le même état jusqu'à son retour. Il se hâta donc
d'aller trouver Ptolémée, son hôte, le second roi
qui eût occupé le trône depuis la fondation d'A-
lexandrie. Après lui avoir déclaré l'intention où il
était de rendre la liberté à sa patrie, et l'avoir ins-
truit de la position des choses, ce grand homme
obtint facilement de cet opulent monarque un secours considérable d'argent. De retour à Sicyone,
assisté des quinze principaux citoyens, il chercha
avec eux à démêler les intérêts, et de ceux qui
avaient été dépouillés et des nouveaux possesseurs ;
après avoir évalué le prix des biens, ils vinrent
à bout de persuader aux uns de les rendre à ce prix
aux anciens propriétaires, et aux autres de renoncer
à leurs droits en acceptant l'indemnité. Par ce
moyen, toutes les contestations cessèrent et la concorde fut rétablie.

O grand homme ! que n'avez-vous été Romain ?
Voilà comme il est juste de traiter avec des citoyens,
et non pas (comme nous l'avons vu deux fois) de
planter la pique dans le Forum et de mettre leurs
biens à l'encan. Ce Grec pensa en homme très-sage,
qu'il fallait ménager les intérêts de tous ; et la saine
politique, de concert avec la sagesse, conseillera
toujours à un bon patriote, non de violer les propriétés particulières, mais de garantir à tous une
égale protection, celle des lois. Quoi ! vous habi-
terez gratuitement le logis d'autrui ? à quel titre ?
Ainsi, lorsque j'aurai acheté, bâti une maison, que

je l'aurai réparée, embellie, vous viendrez jouir de mon bien malgré moi ? Qu'est-ce autre chose que ravir aux uns pour donner aux autres.

Je ne doute point de l'influence qu'exercera sur vos esprits cet insigne exemple d'Aratus.

Si, parmi les propriétés des proscrits, il en est qui n'aient pas encore été vendues, qu'on les leur rende. Ce qui aura été vendu restera aux acheteurs. Mais remettez aux anciens propriétaires l'argent provenu de ces ventes; et, puisqu'ils ne peuvent rentrer dans leurs biens, qu'ils en ayent au moins le prix : de là sorte, ils ne seront pas entièrement expropriés ; et si vous ne payez pas la dette entière, acquittez-en du moins la plus grande part possible.

Oui, Pères conscrits, le retour, le véritable rétablissement des bannis, c'est de recouvrer leurs maisons, leurs foyers, leurs autels, leurs dieux pénates. Cette restitution, la bonne foi, la justice et l'utilité publique, la réclament; elle ne viole et ne blesse nullement le droit sacré de la propriété, qui appartient à tout citoyen. Je dirai plus; il n'y a rien de si populaire que le plan proposé, et auquel sont attachés la paix, la tranquillité, le repos. Par cet acte de justice, non-seulement vous obtiendrez le calme, vous qui en avez fait l'objet constant de vos désirs ; mais vous forcerez même à rester tranquilles ceux pour qui notre repos est un tourment. De tels hommes ne peuvent acquérir des honneurs, de la puissance, des richesses, qu'au milieu des troubles et des dissensions publiques. Vous, pour qui il n'y a point de pouvoir sans les suffrages, point de liberté sans les

lois, point de gloire sans l'équité des juges et la
sagesse des magistrats, point de fortune sans la paix,
vous devez employer tous les moyens pour conserver
le repos. Car, au sein de ce repos, à la faveur duquel
vous régissez vos biens , si vous sentez combien votre
état actuel est préférable à celui qu'amènent les ré-
volutions et les bouleversemens, à coup sûr, vous
voudrez affermir ce repos non comme péniblement
acquis, mais comme le prix de votre bonne foi et de
votre justice.

18

Voilà l'œuvre qui vous est imposée, malgré les
efforts de ces hommes, dont incessamment les pensées,
les actes ont pour but, vous le savez, la perte de tous les
gens de bien. Le meilleur gage de la prospérité, le
plus sûr garant de toutes les fortunes, c'est, Pères
conscrits, que vous vous montriez à l'avenir pour les
intérêts de la république, tels que vous vous êtes
montrés jusqu'ici. Je vous le promets avec certitude ; si vous voulez marcher dans cette voie de la
justice, vous forcerez enfin ces envieux, que votre
gloire offusquait, à vous proclamer tous, les bienfai-
teurs de la patrie.